Tadpole Books are published by Jump!, 5357 Penn Avenue South, Minneapolis, MN 55419, www.jumplibrary.com

Editor: Jenna Trnka **Designer:** Molly Ballanger **Translator:** Annette Granat

Photo Credits: Gennady Grechishkin/Shutterstock, cover; anankkml/iStock, 1; Andrew M. Allport/Shutterstock, 3; Warmlight/iStock, 2br, 4–5; phalder/iStock, 2ml, 6–7; reptiles4all/Shutterstock, 2bl, 8–9; FLPA/Alamy, 2tr, 10–11; Chinnasorn Pangcharoen/iStock, 2tl, 12–13; Gordon & Cathy Illg/Age Fotostock, 2mr, 14–15; Iakov Filimonov/Shutterstock, 16.

Library of Congress Cataloging-in-Publication Data
Names: Gleisner, Jenna Lee, author.
Title: Los cuernos / por Jenna Lee Gleisner.
Other titles: Horns. Spanish
Description: Minneapolis, MN: Jump!, Inc., (2020) | Series: Las partes de los animales | Includes index. | Audience: Age 3–6.
Identifiers: LCCN 2019000471 (print) | LCCN 2019001841 (ebook) | ISBN 9781641289788 (ebook) | ISBN 9781641289771 (hardcover : alk. paper)
Subjects: LCSH: Horns—Juvenile literature.
Classification: LCC QL942 (ebook) | LCC QL942 .G6418 2020 (print) | DDC 591.47—dc23
LC record available at https://lccn.loc.gov/2019000471

LAS PARTES DE LOS ANIMALES

LOS CUERNOS

por Jenna Lee Gleisner

TABLA DE CONTENIDO

Palabras a saber 2
Cuernos 3
¡Repasemos! 16
Índice 16

tadpole en español

PALABRAS A SABER

cinco

cuatro

dos

muchos

tres

uno

CUERNOS

¡Contemos cuernos de animales!

cuerno

Este animal tiene uno.

cuernos

Este animal tiene dos.

Este animal tiene tres.

Este animal tiene cuatro.

Este animal tiene cinco.

¡Este animal tiene muchos!

¡REPASEMOS!

¿Cuántos cuernos tiene este animal?

ÍNDICE

cinco 13

cuatro 11

cuernos 3

dos 7

tres 9

uno 5